THÉATRE DU VAUDEVILLE.

BIBLIOTHÈQUE THÉATRALE
Auteurs contemporains.

ENCORE DES

MOUSQUETAIRES

VAUDEVILLE EN 1 ACTE

Par MM. VARIN et PAUL VERMOND.

: 1 franc 50

PARIS
D. GIRAUD ET J. DAGNEAU, LIBRAIRES-ÉDITEURS
7, RUE VIVIENNE, AU PREMIER, 7
Maison du Coq d'or.

1851

BIBLIOTHÈQUE THÉATRALE

— Auteurs contemporains —

Nouvelle collection publiée dans le format in-18 anglais

PIÈCES EN VENTE

BATAILLE DE DAMES, ou UN DUEL EN AMOUR, comédie en 3 actes, en prose, par MM. SCRIBE et LEGOUVÉ. Prix : 1 fr.

LA CHANTEUSE VOILÉE, opéra-comique en 1 acte, par MM. SCRIBE et DE LEUVEN. Prix : 60 c.

LA PEAU DE MON ONCLE, vaudeville en 1 acte, par MM. VARIN et Jules de PRÉMARAY. Prix : 60 c.

LA VIE DE CAFÉ, pièce en 3 actes, mêlée de chants, par MM. DUPEUTY et E. VANDERBURCK. Prix : 75 c.

UN DIEU DU JOUR, comédie-vaudeville en 2 actes, mêlée de couplets, par MM. Ac. d'ARTOIS, ROGER DE BEAUVOIR et de BESSELIÈVRE. Prix : 60 c.

LE RAISIN MALADE, folie fantastique en 1 acte, mêlée de couplets, par M. Michel DELAPORTE. Prix : 60 c.

L'ANGE DU REZ-DE-CHAUSSÉE, vaudeville en 1 acte, par MM. L. COUAILHAC et BOURDOIS. Prix : 60 c.

LE MARI D'UNE CAMARGO, comédie-vaudeville en 2 actes, mêlée de couplets, par MM. LAURENCIN et ARSÈNE DE CEY. Prix : 60 c.

LA TANTE LORIOT (jouée par M. et madame Émile Taigny), vaudeville mêlé de couplets, par MM. MOREAU et DELACOUR. Prix : 60 c.

UN AMANT QUI NE VEUT PAS ÊTRE HEUREUX, vaud. en 1 acte, par MM. de COMBEROUSSE et LUBIZE. Prix : 60 c.

L'EAU QUI DORT, vaudeville-proverbe en 1 acte, par MM. Bernard LOPEZ et Ch. NARREY. Prix : 60 c.

LE CHARIOT D'ENFANT, drame en vers en 5 actes et 7 tableaux, traduction du drame indien du roi Soudraka, par MM. Méry et Gérard de Nerval, in-18 format anglais (édition de luxe). Prix : 2 fr.

LES MARTYRS DE VIVIA, mystère en 3 actes et en vers, par Jean Reboul (de Nîmes), 1 vol. in-18 format anglais (édition de luxe). Prix : 1 fr. 50 c.

LES CONTES DE LA REINE DE NAVARRE ou LA REVANCHE DE PAVIE, comédie en 5 actes, en prose, par MM. SCRIBE et LEGOUVÉ, ornée d'un beau portrait de mademoiselle Madeleine Brohan, gravé sur acier. Prix : 1 fr. 25 c.

LES PÉCHÉS DE JEUNESSE, drame en 3 actes, en prose, par M. Émile SOUVESTRE. Prix : 60 c.

UN ENFANT DE PARIS, drame en 5 actes et 8 tableaux, par M. Emile SOUVESTRE. Prix : 1 fr.

UN PAYSAN D'AUJOURD'HUI, comédie en 1 acte, en prose, par M. Emile SOUVESTRE. Prix : 60 c.

LE LION ET LE MOUCHERON, drame en 5 actes, par MM. Émile SOUVESTRE et Eug. BOURGEOIS. Prix : 75 c.

MADAME DE LAVERRIÈRE, drame en 5 actes, par M. Charles LAFONT. 75 c.

LES BAISERS, comédie en 1 acte et en prose, par M. Hippolyte LUCAS. 60 c.

LA FILLE DU ROI RENÉ, comédie-vaudeville en 1 acte, par M. Gustave LEMOINE. Prix : 60 c.

L'ENSEIGNEMENT MUTUEL, pochade mêlée de couplets, par MM. TH. BARRIÈRE et DECOURCELLE. Prix : 60 c.

LA DOT DE MARIE, vaudeville en 1 acte, par MM. CLAIRVILLE et J. CORDIER. Prix : 60 c.

CLAUDINE ou LES AVANTAGES DE L'INCONDUITE, étude pastorale et berrichonne (*Parodie de Claudie*), par MM. SIRAUDIN et Arthur DE BEAUPLAN. 60 c.

UNE BONNE QU'ON RENVOIE, vaudeville en 1 acte, par MM. DE LA ROUNAT et S. Henri BERTHOUD. Prix : 60 c.

PIERROT, pièce de carnaval, en 1 acte, par MM. LEFRANC et DECOURCELLE. Prix : 60 c.

MILITAIRE ET PENSIONNAIRE, vaudeville en 1 acte, par MM. BRISEBARRE et DE LUSTIÈRES. Prix : 60 c.

ENCORE DES MOUSQUETAIRES

VAUDEVILLE EN UN ACTE

PAR

MM. VARIN ET PAUL VERMOND.

Représenté pour la première fois, à Paris, sur le théâtre du Vaudeville, le 26 octobre 1851.

PARIS.

D. GIRAUD ET J. DAGNEAU, LIBRAIRES-ÉDITEURS,

7, RUE VIVIENNE, AU PREMIER, 7.

PERSONNAGES.

SERPOLET	MM. RÉNÉ LUGUET.
LE MARQUIS DE CANILLAC......	ALLIÉ.
DE BEAUCONTOUR...............	LÉONCE.
LECOQ...........................	FORMOSE.
CLIQUOT.........................	ROYER.
LA BARONNE DE BRÉVILLE......	Mmes RENAUD.
DENISE...........................	IRMA GRANIER.

La scène se passe à Pithiviers, en 1700.

NOTA. Les indications de *droite* et de *gauche* sont prises de la salle; le personnage inscrit le premier occupe la gauche du spectateur.

Imprimerie de HENNUYER et Ce, rue Lemercier, 24. Batignolles.

ENCORE DES MOUSQUETAIRES.

VAUDEVILLE EN UN ACTE.

(Le théâtre représente une salle d'auberge. — Une porte au fond. — Portes latérales. — Croisée au fond, à gauche. — A gauche, une table et une chaise devant. — A droite, deux chaises, l'une appuyée au décor, l'autre face au public. — Un buffet et une table au fond, de chaque côté de la porte.)

SCÈNE PREMIÈRE.

LECOQ, DENISE.

(Au lever du rideau, Denise est endormie sur la chaise de droite.)

LECOQ, *entrant au fond.*

Denise! Denise!

DENISE, *s'éveillant.*

Hein? quoi? qu'est-ce qu'il y a?

LECOQ.

Dieu me pardonne, je crois que tu dormais!

DENISE.

Oui, mon oncle.

LECOQ.

Si un étranger te voyait... quelle idée aurait-il de mon auberge?

DENISE.

Il aurait l'idée qu'on y dort bien.

LECOQ.

Tu n'es qu'une raisonneuse.

DENISE, *se levant et descendant en scène.*

D'ailleurs, vous savez bien que nous n'avons personne.

LECOQ.

Et comment veux-tu que l'on voyage par le temps qui court... quand les chemins sont infestés de voleurs?... Ces drôles-là ne laissent rien à faire aux aubergistes!

DENISE.

C'est vrai, mais si vous vouliez, je saurais bien le moyen de nous donner de l'occupation.

LECOQ.

Lequel?

DENISE.

Ce serait de me marier.

LECOQ.

Il n'est pas fameux ton moyen !

DENISE.

Vous avez des provisions qui se perdent, on fera une noce et on les mangera.

LECOQ.

Je n'adopte pas ce débouché !... D'abord, pour te marier il te faut une dot.

DENISE.

Vous me l'avez promise.

LECOQ.

Oui, l'héritage de mon frère Christophe qui est mort à Paris !... une créance de dix-huit cents livres sur un nommé Serpolet, qui est dans les remèdes...

DENISE.

Il est malade ?

LECOQ.

Non ; garçon apothicaire !... Je l'ai fait poursuivre, j'ai obtenu sentence, et dès que nous le tiendrons...

DENISE.

Alors j'ai le temps d'attendre.

LECOQ.

Cherche toujours un mari, c'est l'essentiel.

DENISE.

Il n'y en a pas à Pithiviers ! à Paris, à la bonne heure !

AIR *nouveau*.

Oui, pour trouver des maris,
Paris
Offre aux fillettes
Coquettes
Un choix de jolis cavaliers
Qu'on n'a pas à Pithiviers.
A chaque instant,
Plus d'un galant
Vous dit, en souriant :
O ma belle !
Par ta prunelle
Je suis pris sans retour :
Et puis il ajoute, un beau jour,
Ce mot si doux :
Veux-tu de moi pour ton époux ?
Oui, pour trouver, etc.

Et j'en aurais trouvé un... j'y ai connu un jeune homme très-aimable qui m'a fait danser deux ou trois fois chez Ramponneau.

LECOQ.

Un danseur ! c'est bien léger.

AIR : Vaud. des *Deux avares.*

Ça n'inspir' pas de confiance.

DENISE.

Il aurait demandé ma main.

LECOQ.

Oui, ta main, pour un' contredanse.

DENISE.

Non, mon oncle, mais pour l'hymen.

LECOQ.

Défie-toi, j' te le répète,
Des épouseurs de Ramponneau :
On ne voit guèr' que le vin et l'eau
Se marier à la guinguette.

SCÈNE II.

LECOQ, BEAUCONTOUR, CLIQUOT, DENISE.

(Beaucontour et Cliquot entrent du fond à gauche.)

BEAUCONTOUR, *dans la coulisse.*

Garçon ! viendra-t-on quand j'appelle ?

LECOQ.

Tiens ! j'entends une pratique !

DENISE.

Eh non ! c'est M. de Beaucontour.

LECOQ.

L'intendant des aides et gabelles !... que peut-il me vouloir ?

CLIQUOT, *introduisant Beaucontour.*

Par ici, monsieur ; le bourgeois est là.

BEAUCONTOUR, *entrant.*

Je crois, manant, que tu oses garder ton bonnet en ma présence ! *(Il lui arrache son bonnet de dessus la tête et le lui jette au nez.)*

LECOQ.

C'est bien fait, ça t'apprendra.

BEAUCONTOUR.

Va-t'en ! *(Cliquot sort, Beaucontour descend. Tout ce qui précède s'est passé au fond.)*

DENISE, *à part.*

Il est aussi fier qu'il est laid.

LECOQ.

Puis-je savoir, monsieur l'intendant, ce qui me procure l'honneur...

BEAUCONTOUR.

Tu penses bien, mon cher, qu'il s'agit d'une affaire d'importance .. sans cela, me serais-je donné la peine ?...

LECOQ.

C'est juste ! Sans doute un repas de corps ?

BEAUCONTOUR.

As-tu beaucoup de voyageurs dans ton hôtel ?

LECOQ.

J'en avais pas mal ces jours-ci... mais ils sont partis... et vous pouvez disposer de toute ma maison !

BEAUCONTOUR.

C'est-à-dire que tu n'as personne ?

LECOQ.

Absolument !

BEAUCONTOUR.

Eh bien ! je t'annonce qu'aujourd'hui ou demain il doit arriver à Pithiviers un personnage, un homme de qualité !

LECOQ.

Un noble étranger ?

BEAUCONTOUR.

Qui vient de Paris, et qui descendra probablement dans ton auberge.

LECOQ.

Je n'en doute pas. Toutes les personnes comme il faut donnent la préférence à mon hôtel.

DENISE, *à part.*

J'crois ben ! Il n'y a que celui-là dans la ville.

BEAUCONTOUR.

Ce jeune seigneur est le marquis de Canillac.

LECOQ.

J'ai entendu parler de lui.

BEAUCONTOUR.

Il est possible qu'il se cache sous le voile de l'incognito, mais tu es physionomiste.

LECOQ.

Je suis aubergiste.

BEAUCONTOUR.

Tu le reconnaîtras facilement... Dès qu'il sera ici, tu me feras prévenir !... Tu m'enverras un exprès.

LECOQ.

J'irai exprès.

BEAUCONTOUR.

Mais la plus grande discrétion !

LECOQ.

Soyez tranquille !... d'autant plus que j'ignore les motifs... Car vous ne m'avez pas confié les motifs...

BEAUCONTOUR, *marchant vers Lecoq, qui recule dans le coin à gauche.*
Ah ça !... mon cher, je crois que tu es sur le point de m'interroger ?

LECOQ.
Moi ?... par exemple !

BEAUCONTOUR.
Souviens-toi de mes instructions, et préviens-moi sur-le-champ.

LECOQ.
C'est dit.

BEAUCONTOUR.
Au revoir, petite, au revoir. (*Il lui prend le menton.*)

Ensemble.

AIR : *Applaudissons à notre actrice.*

BEAUCONTOUR.	LECOQ.
Tu n'es pas sans intelligence, Prouve ton zèle et ta prudence. Je n'aime pas la négligence, Et sans réfléchir Il faut m'obéir.	Comptez sur mon intelligence, Sur mon zèle et sur ma prudence. Je prouverai ma vigilance, Et sans réfléchir Je veux vous servir.

DENISE, *à part.*
Il pousse trop loin l'exigence :
Il veut qu'on ait de la prudence,
Du zèle et de l'intelligence,
Et sans réfléchir
Il faut le servir.

Beaucontour sort par le fond. Lecoq et Denise remontent pour le conduire ; Denise, en faisant ce mouvement, passe à gauche ; ceci a lieu sur la reprise de l'ensemble. Après la sortie de Beaucontour, Lecoq descend à droite.

SCÈNE III.

LECOQ, DENISE, CLIQUOT.

LECOQ.
Dieu de Dieu ! si ça ne fait pas pitié !

DENISE.
Quoi donc, mon oncle ?

LECOQ.
Eh ! ce M. de Beaucontour, avec ses grands airs !

DENISE.
Chut ! s'il vous entendait ! Vous savez bien qu'il fait trembler tout le monde dans l'endroit.

LECOQ.
Oui ! il fait l'insolent, parce qu'il est riche et qu'il a un mor-

ceau de fer pendu derrière lui... Mais, d'où vient-il, d'où sort-il ce Beaucontour qui est si mal tourné ! Voilà ce que je me demande, moi qui suis méfiant.

DENISE.

Moi, d'abord, je ne peux pas le souffrir !

LECOQ.

Et il fait le discret avec moi !... Mais je l'ai deviné son mystère... il est furieux, il est aux cent coups.

DENISE.

Et pourquoi ?

LECOQ.

Parce qu'il avait des vues sur Mme la baronne de Bréville... il se croyait déjà son mari.

DENISE.

Une si jolie femme !... avec un vieux loup comme ça !

LECOQ.

Il ne l'aura pas ! le marquis de Canillac vient justement la lui enlever !

DENISE.

Le marquis ? Il est donc amoureux de la baronne ?

LECOQ.

Non, au contraire ; mais il l'épousera bon gré, mal gré... C'est une fière histoire !...

DENISE.

Vous la savez, mon oncle ?

LECOQ.

C'est révoltant ! Imagine-toi qu'au sortir d'un souper... Ah ! il faut te dire que le marquis de Canillac, capitaine de mousquetaires, passait dans cette ville... les officiers de la garnison lui donnèrent un repas... on but beaucoup... et des vins excellents.

DENISE.

Ce n'était pas chez vous ?

LECOQ.

Non, c'était chez le colonel ! Voilà qu'au dessert, ces jeunes étourdis... (*On entend le bruit d'une voiture. — Lecoq remonte à la gauche de la porte du fond.*) Une voiture qui entre dans la cour !... Serait-ce lui ! (*Appelant.*) Cliquot ! Cliquot ! et rien n'est prêt pour le recevoir !... Cliquot !

CLIQUOT, *entrant avec une grande malle.* *

Me v'là, bourgeois !

LECOQ.

Quelle est cette voiture ?

CLIQUOT.

Bourgeois, c'est le coche !... il n'y a personne dedans... c'est-

* D. L. C.

à-dire si, il y a un voyageur ! (*Il va poser la malle sur la chaise de droite qui est adossée au décor.*)

LECOQ.

Un voyageur du coche !... nous verrons bien !... Il faut le mettre dans la chambre verte.

DENISE.

Dans la chambre verte !... c'est qu'il n'y a qu'une chaise et un coucou !

LECOQ.

Alors, dans la chambre gris de lin... Viens avec moi, Denise !... et toi, Cliquot, ne le perds pas de vue, on ne saurait trop se méfier...

CLIQUOT.

Oui, bourgeois. (*Il remonte à gauche de la porte du fond.*)

LECOQ.

Viens, Denise ! (*Ils entrent dans la chambre à droite.*)

SCÈNE IV.

CLIQUOT, SERPOLET.

CLIQUOT, *au fond.*

Par ici, monsieur, par ici.

SERPOLET, *entrant vivement et se promenant sur l'avant-scène.*

Pithiviers ! Pithiviers ! Je suis à Pithiviers ! C'est absurde, c'est horrible ! ce serait à mourir de rire, si ça ne me contrariait pas beaucoup.

CLIQUOT, *descendant.*

Qu'est-ce que je vais servir à monsieur ?

SERPOLET.

Comment nomme-t-on cette auberge ?

CLIQUOT.

Le Lion d'Or.

SERPOLET.

Et l'aubergiste ?

CLIQUOT.

M. Lecoq.

SERPOLET.

Je le savais !

CLIQUOT.

Monsieur n'a besoin de rien ?

SERPOLET.

J'ai besoin que tu t'en ailles.

CLIQUOT.

C'est tout ce que vous prendrez ?

SERPOLET.

Va-t'en.

CLIQUOT, *à part.*

Le bourgeois a raison ! il faut se méfier de cet homme-là ! (*Il sort par le fond.*)

SCÈNE V.

SERPOLET, *seul.*

Je suis à Pithiviers !... fatalité !... C'est dans le malheur que l'homme a besoin de se replier sur lui-même ; aussi je me replie... O Serpolet ! qu'as-tu fait !... Tu étais garçon apothicaire, tu administrais tranquillement la guimauve et la graine de lin... ton existence avait un but !... il fallait rester dans ta sphère !.. Mais l'amour t'en a fait sortir ! Gimblette t'a tourné l'esprit... Gimblette ! la fleur des danseuses de chez Nicolet !... Egaré par cette passion dramatique, tu t'es lancé dans le tourbillon, tu as semé l'or à pleines mains, et en trois mois tu as mangé dix-huit cents livres !... c'est-à-dire, c'est Gimbiette qui les a mangées ; mais c'est toi qui les dois !... Poursuivi pour ce fait, tu te décides à quitter Paris... Un ami généreux, qui habite Orléans, t'offrait l'hospitalité ; tu pars pour Orléans !... Au premier relais tu descends ; il était nuit, tu soupes très-bien, tu te grises même un peu ; le chagrin altère beaucoup !... et tu regrimpes dans la première voiture qui se présente... On se remet en route ; le jour paraît, et au lieu d'Orléans tu arrives, où ?... à Pithiviers !... A force de boire, tu avais pris un coche pour un autre... C'est effrayant !... Quand on pense qu'un apothicaire peut se tromper de route à ce point-là ! Je suis à Pithiviers ? et chez qui !... chez Lecoq, mon affreux créancier ! et dans le gousset, pas de quoi prendre un bouillon ! Ah ! je n'ai plus d'énergie !... Lecoq va venir, je lui dirai ce qui en est... il fera ce qu'il voudra.

AIR : *Un page aimait, etc.*

Hélas ! à la fleur de mon âge,
Je n'ose penser au présent ;
L'avenir m'ôte le courage
Et le passé fait mon tourment.
O sort fatal ! toi qui m'excèdes,
Je m'abandonne à ta rigueur ;
Moi, qui connais tous les remèdes,
Je n'en vois plus à mon malheur.

SCÈNE VI.

SERPOLET, LECOQ.

LECOQ, *sortant de la chambre de droite.*

C'est bien, achève de ranger.

SERPOLET.

Ce doit être mon homme !

LECOQ, *à part.*

Ah! ah ! le voyageur. (*Haut.*) Désolé, monsieur, de vous avoir fait attendre !... Je suis Lecoq, aubergiste.

SERPOLET, *à part.*

J'en étais sûr !

LECOQ, *à part.*

Cet air commun !... cette tournure mesquine... méfions-nous. (*Haut.*) Monsieur, vous connaissez l'usage ; avant d'aller plus loin, je suis obligé de vous demander...

SERPOLET.

Si je veux me rafraîchir ?... Merci, je n'ai ni faim ni soif.

LECOQ.

Ce n'est pas ça... mais vos papiers ?

SERPOLET.

Ah ! bien... (*A part.*) Je suis flambé.

LECOQ, *à part.*

Je crois qu'il balance !

SERPOLET.

Est-ce que c'est absolument nécessaire ?

LECOQ, *élevant la voix.*

Monsieur, finissons ! Vos papiers, s'il vous plaît.

SERPOLET.

Ne nous fâchons pas, monsieur Lecoq !... Mes papiers... Je ne les ai pas sur moi... ils doivent être dans mes bagages.

LECOQ.

Oui dà !... Alors, si vous le permettez, je vais moi-même... (*Il va ouvrir la malle.*)

SERPOLET.

Faites. (*A part.*) Je n'ai plus d'énergie... O Gimblette !... Gimblette !... tu as perdu mon avenir !... mais je t'écrirai des injures, et je n'affranchirai pas la lettre.

LECOQ, *tirant de la malle un uniforme de mousquetaire.*

Que vois-je? un uniforme de mousquetaire !

SERPOLET, *à part.*

Tiens !... me serais-je trompé de valise comme de voiture ?

LECOQ, *revenant à Serpolet.*

Je suis un grand imbécile !... Pardon, mille fois pardon, monsieur le marquis...

SERPOLET, *à part.*

Monsieur le marquis !...

LECOQ.

J'aurais dû deviner tout de suite... car je vous attendais... on m'avait prévenu.

SERPOLET.

Ah ! on avait eu l'indiscrétion de vous dire ?...

LECOQ.

Que monsieur le marquis devait arriver chez moi incognito... Encore une fois, pardon, monsieur le marquis.

SERPOLET.

Je vous pardonne, Lecoq, je vous pardonne. (*A part.*) Ma foi, ne le contrarions pas... soyons marquis !... c'est peut-être la chance qui tourne.

SCÈNE VII.

SERPOLET, LECOQ, DENISE. (*Elle entre de la chambre et descend à droite.*)

DENISE, *accourant.*

Mon oncle ! mon oncle ! la chambre est prête !

LECOQ, *bas à Denise.*

C'est lui ! (*Haut.*) Salue donc M. le marquis. (*Il la fait passer devant lui.*) *

DENISE.

Monsieur le marquis, j'ai bien l'honneur... (*Elle reconnait Serpolet.*) Ah !

SERPOLET, *à part.*

Dieu !... la petite Denise.

LECOQ.

Eh bien? qu'est-ce qu'il te prend ?

SERPOLET, *à part.*

Ma conquête de chez Ramponneau.

DENISE.

Comment, monsieur est le marquis de...

SERPOLET.

Lui-même, ma belle enfant !... Vous êtes surprise... et c'est naturel... des marquis de ma sorte, on n'en voit pas par douzaines.

DENISE.

Dame !... c'est vrai !... Je n'aurais jamais cru qu'avec votre air...

LECOQ.

Veux-tu bien te taire !

SERPOLET.

Elle est naïve ! elle est naïve !

DENISE.

C'est bien drôle !

SERPOLET.

Voyons, mon cher Lecoq, est-ce qu'on ne déjeune pas chez vous ?

* S. D. L.

LECOQ.

Je croyais que monsieur le marquis n'avait pas faim?

SERPOLET.

Ça commence à venir! Faites-moi cuire n'importe quoi... à la sauce piquante... cette petite me tiendra compagnie.

LECOQ.

Tu entends, Denise?

DENISE.

Oui, mon oncle.

LECOQ.

Et n'oublie pas les égards!

SERPOLET.

C'est inutile!... je suis populaire?... je suis très-populaire.

Ensemble.

AIR : *Tuteur de vingt ans.*

Allez vous mettre à la broche,
Apportez des vins exquis,
Et que des mets sans reproche
Par vos soins me soient servis!
De votre charmante nièce,
Ici, petit à petit,
La grâce et la gentillesse
Vont me mettre en appétit.

LECOQ.	DENISE.
Je vais me mettre à la broche; Du dîner l'instant approche, Et, sans crainte de reproche, Je veux traiter un marquis.	En vain le sort nous rapproche! Un amoureux par le coche M'arrive, et dès qu'il m'approche, J'apprends que c'est un marquis.

Lecoq sort par le fond, reconduit par Serpolet qui redescend à droite.

SCÈNE VIII.

DENISE, SERPOLET.

DENISE.

Ah! mon Dieu, mon Dieu! je n'en reviens pas.

SERPOLET.

Denise, je tombe à vos genoux.

DENISE.

Vous, monsieur le marquis?

SERPOLET, *se relevant.*

Denise!... vous souvient-il de Ramponneau?

DENISE.

Si je m'en souviens!.. (*A part.*) Il ne m'a pas oubliée. (*Haut.*)

C'est là que vous m'avez fait danser plusieurs fois... vous et vos amis... Des jeunes gens très-bien !

SERPOLET.

Denise !... ces jeunes gens très-bien étaient des apothicaires...

DENISE.

Pas possible !

SERPOLET.

C'était une corporation savante, connue sous le nom astronomique de Société de la Pleine Lune... Chaque membre avait les insignes de sa profession gravés sur son bras droit : deux mousquetons... d'étain en sautoir... Vous savez que les mauvais plaisants appellent les gens de cette profession rétrospective des mousquetaires... à genoux... Ça fait image. (*Il se pose.*)

DENISE.

Mais vous, monsieur le marquis ?

SERPOLET.

Moi, monsieur le marquis ! je suis aussi de ce régiment-là... mousquetaire à genoux !... Oui, Denise, je suis membre correspondant de la Société ci-dessus déclarée... où j'ai été incorporé, il y a dix ans, par le célèbre Bigarreau, qui en était président... Un fameux lapin !

DENISE.

Pas possible !

SERPOLET.

Oui, Denise, c'était un fameux lapin... Je le vois encore, le poing sur la hanche... comme ça... je l'entends s'écrier : Mille mousquetons !... c'était son juron favori... Depuis, il s'est expatrié... il a changé d'hémisphère... il est allé administrer dans les colonies.

DENISE.

Je n'en reviens pas !... Quoi ! vous seriez ?...

SERPOLET.

Si vous en doutez, retroussez ma manche, vous verrez mon brevet... la gravure ci-dessus déclarée... les deux mousquetons... Mais ce n'est pas tout... votre oncle vous a-t-il parlé quelquefois d'un nommé Serpolet ?

DENISE.

Sans doute !... un mauvais sujet ! qui lui doit dix-huit cents livres.

SERPOLET.

N'en dites pas de mal, il vous écoute !

DENISE.

Vous ! Serpolet ?

SERPOLET.

Lui-même !

DENISE.

Et vous venez chez mon oncle ?... C'est donc pour le payer ?...

SERPOLET.

Cette idée ne m'est pas venue... J'arrive sans le savoir !... Je me crois perdu !... on ouvre ma valise, il en sort un mousquetaire, et me voilà marquis de la façon de votre oncle... Mais ça ne durera pas !... Il faut que je m'évade... C'est en vain que l'amour me retient... car je t'aime, Denise.. je t'adore.

AIR : *Duo des Rendez-vous bourgeois.*

DENISE.

Mais, serez-vous toujours constant ?
Vous changerez, j'en suis bien sûre.

SERPOLET.

Non, jamais, mon cœur, te le jure,
Vois comme il bat en ce moment !
Ent, ent, ent, ent, ent, ent, ent.

Ensemble.

DENISE.

Oh ! oui, soyez toujours constant,
Ne changez pas, je vous conjure !
Alors mon cœur, je vous le jure,
Vous aimera bien tendrement.

SERPOLET.

Oui, je serai toujours constant,
De moi vous pouvez être sûre.
Pour toujours mon cœur, je l'assure,
Vous aimera bien tendrement.

DENISE.

Toujours ! toujours !

SERPOLET.

Vous aimera bien tendrement.

DENISE.

Nous dirons aujourd'hui : je t'aime !

SERPOLET.

Nous le dirons encor demain.

DENISE.

Et ce sera toujours de même.

SERPOLET.

Et ce sera toujours sans fin.

Ensemble.

Je t'aime, je t'aime, je t'aime !
Oh ! que c'est un joli refrain !

DENISE.

Mais, puisque vous n'avez pas le sou... le meilleur moyen, c'est de rester marquis jusqu'à nouvel ordre.

SERPOLET.

Et le vrai?... celui qu'on attend ?

DENISE.

Bah !... il ne viendra peut-être jamais !... et ce n'est pas moi qui vous trahirai...

SERPOLET.

Ah! Denise, je me jette dans vos bras !... *(Il veut l'embrasser.)*

DENISE, *se défendant.*

Finissez donc! finissez donc! (*Lecoq entre du fond et descend à droite.*)

SCÈNE IX.

DENISE, SERPOLET, LECOQ.

LECOQ, *entrant.*

Hein? quoi?

DENISE.

C'est monsieur qui veut m'embrasser.

LECOQ.

Ne vas-tu pas crier pour une plaisanterie!

SERPOLET.

Lecoq, votre nièce est farouche!

LECOQ.

C'est une sotte! Mais tout est prêt, monsieur le marquis; on va vous servir dans votre chambre.

SERPOLET.

Ça me va!... j'y serai plus tranquille!

LECOQ.

Et si quelqu'un venait demander monsieur le marquis?...

SERPOLET.

Vous direz que je n'y suis pas!

LECOQ.

Même pour Mme la baronne?

SERPOLET.

La baronne!

LECOQ.

Elle vient d'envoyer un domestique vous prier de l'attendre dans une heure!

SERPOLET.

Ah! elle a eu la bonté?... Vous direz que je n'y suis pas.

LECOQ.

Cependant, monsieur le marquis...

SERPOLET.

Il n'y a pas de cependant!... Je ne veux pas voir cette dame!... nous sommes brouillés.

LECOQ.

Ah! je comprends votre colère, et je suis indigné moi-même.

SERPOLET.

Vous, Lecoq?

LECOQ.

Oui, monsieur le marquis... Je suis au courant!

SERPOLET, *à part.*

Il devrait bien m'y mettre!

LECOQ.

Mais il est assez naturel qu'elle désire vous voir au moins une fois, avant d'aller plus loin.

SERPOLET.

Au fait, si elle ne m'a jamais vu!... Est-elle jolie?

LECOQ.

Oh! pour ça, comme un ange!

SERPOLET.

Tiens! tiens! tiens!

DENISE, *bas à Serpolet.*

Quest-ce que ça vous fait?

SERPOLET, *de même.*

Rien! puisque je t'aime. (*Haut.*) L'aventure devient joyeuse.

LECOQ.

Voilà pourquoi j'ai répondu au domestique que vous étiez prêt à la recevoir.

SERPOLET.

Lecoq! c'est fort désagréable! Vous me mettez dans une position... Enfin, puisqu'il le faut!

LE MARQUIS, *en dehors.*

Holà! quelqu'un!... Il n'y a donc personne dans cette auberge?

LECOQ, *prenant la valise de Serpolet et remontant. — Serpolet passe à droite.* *

Qu'est-ce que c'est?... Encore un voyageur!... C'est étonnant!... Denise, dis-lui d'attendre!... Par ici, monsieur le marquis, par ici!

SERPOLET.

Je vous suis, Lecoq!... Bonjour, Denise! bonjour! (*Ils entrent dans la chambre de gauche.*)

DENISE, *seule.*

C'est qu'il serait capable de faire la cour à la baronne; mais je le surveillerai. (*Elle remonte à la porte du fond, à droite. — Le marquis entre du fond et pose sa valise sur la table.*)

SCÈNE X.

LE MARQUIS, DENISE.

LE MARQUIS, *entrant et voyant Denise.*

Ah! mademoiselle, est-ce bien ici que descend le coche de Pithiviers?

DENISE.

Oui, c'est ici... monsieur le voyageur...

* D. L. *au fond.* S.

LE MARQUIS.

Donnez-moi une chambre.

DENISE.

Ah ! pour ça, il faut vous adresser à mon oncle... Monsieur n'est pas de ce pays-ci ?

LE MARQUIS.

Et où est-il votre oncle ?

DENISE.

Là, dans cette chambre... il va venir !... Monsieur vient de Paris ?

LE MARQUIS, *à part.*

Oh ! quelle patience ! (*Haut.*) J'attendrai, puisqu'il le faut !... Allez à vos affaires.

DENISE, *à part.*

Pourvu que ce ne soit pas l'autre !... le vrai marquis ! Nous serions gentils. (*Elle sort.*)

LE MARQUIS.

Quel horrible voyage !... J'ai cru que je n'arriverais jamais... Et je m'en serais consolé, le motif qui m'amène est si peu divertissant.

SCÈNE XI.

LE MARQUIS, LECOQ, *sortant de la chambre de gauche.*

LECOQ, *à la cantonade.*

On va vous servir, ne vous inquiétez pas !... (*Allant au fond.*) Cliquot ! Cliquot !... le dîner de M. le marquis de Canillac.

LE MARQUIS, *à part.*

Hein ! Voilà qui est singulier !

LECOQ, *redescendant.*

A celui-ci maintenant.

LE MARQUIS.

N'avez-vous pas dit le marquis de Canillac ?

LECOQ.

Oui, monsieur... capitaine de mousquetaires !... (*A part.*) Je suis bien aise qu'il ait entendu.

LE MARQUIS.

Le marquis de Canillac est ici ?

LECOQ.

Depuis ce matin... Vous le connaissez ?

LE MARQUIS, *à part.*

Ceci est réjouissant !

LECOQ.

Mais vous, monsieur, qui m'interrogez !... Qui êtes-vous ? Car avant d'aller plus loin...

LE MARQUIS.

Qui je suis ?... (*A part.*) Qu'est-ce que je pourrais bien être ?

LECOQ.

Plaît-il?

LE MARQUIS.

Je suis... l'intendant de M. le marquis.

LECOQ.

L'intendant!... Il est assez bizarre qu'il soit arrivé avant vous?

LE MARQUIS.

J'aurais dû le précéder, mais au relais d'Etampes, je me suis fait attendre et le coche est parti sans moi... on a même changé ma valise contre celle-ci. (*Il la désigne.*)

LECOQ.

Ah! vous êtes l'intendant!... Vous venez sans doute pour la noce?

LE MARQUIS.

La noce!... Vous savez donc?

LECOQ.

Oui, je sais que M. le marquis!... et je ne peux pas penser à ça, sans être révolté... Obliger un mousquetaire à se marier, et pourquoi?

LE MARQUIS.

Pour une folie!

LECOQ.

Car enfin, il était! ils étaient tous gris! on a dû vous le dire.

LE MARQUIS.

Parbleu!

LECOQ.

Ils venaient de souper!... et au dessert ces messieurs ont tenu des propos sur les dames de la ville...

LE MARQUIS.

On dit toujours du mal des femmes au dessert!

LECOQ.

Ils attaquaient surtout Mme la baronne de Bréville!

LE MARQUIS.

Une prude! une bégueule! dont chacun avait à se plaindre!

LECOQ.

Là-dessus, M. le marquis, plus échauffé que les autres...

LE MARQUIS.

Fit le pari de compromettre cette belle dédaigneuse... On quitte la table, je me rends sous les fenêtres de la baronne.

LECOQ.

Vous? Pourquoi faire?

LE MARQUIS.

Pourquoi faire?... pour tenir l'échelle.

LECOQ.

Vous étiez donc là?

LE MARQUIS.

J'y étais... et au point du jour, les bons habitants de Pithiviers purent admirer le marquis se pavanant sur le balcon de la baronne, comme un amant fortuné.

LECOQ.

Tandis que la dame dormait, sans se douter de rien, au fond de son appartement.

LE MARQUIS.

C'était une plaisanterie!...

LECOQ.

Pas autre chose!

LE MARQUIS.

La baronne le prit au sérieux! ce qui annonce un mauvais caractère... Elle adressa une plainte au Parlement...

LECOQ.

Et le jeune homme fut condamné... il faut qu'il choisisse entre le mariage et la Bastille.

LE MARQUIS.

A moins que la baronne ne refuse elle-même d'exécuter l'arrêt.

LECOQ.

Elle ne refusera pas.

LE MARQUIS, *à part.*

C'est ce que nous verrons.

LECOQ.

Et M. le marquis ne peut pas l'épouser, il a été condamné injustement, c'est ce que j'appelle un *délit* de justice!... Moi, d'abord, depuis que j'ai perdu un procès, je suis toujours du parti de ceux qui perdent.

LE MARQUIS, *à part.*

Il a du bon cet aubergiste!... (*Haut.*) Donnez-moi ma chambre, et faites-moi servir un peu de thé... La moindre chose.

LECOQ.

Mais avant tout, et votre maître! Vous n'allez pas saluer votre maître?

LE MARQUIS, *à part.*

Je n'y pensais plus! (*Haut.*) Je vais le trouver!

LECOQ.

Il faut que je le prévienne.

LE MARQUIS.

Annoncez-lui son intendant, M. Mathieu.

LECOQ.

C'est bon!

LE MARQUIS, *à part.*

Voilà une méprise dont j'espère bien tirer parti! Qu'est-ce qu'il me faut, à moi, un remplaçant!

LECOQ.

Et tenez, le voici lui-même. (*Il remonte au fond.*)

SCÈNE XII.

LE MARQUIS, LECOQ, SERPOLET. (*Le marquis passe à gauche. Serpolet en entrant traverse à droite.*)

SERPOLET, *habillé en mousquetaire.*

AIR : *Savoir donner ses jours.*

Je suis charmant,
Brillant,
Ravissant,
Et ça me va, vraiment,
Comme un gant!
Moi-même je m'admire
Et déjà j'entends dire,
Ah ! d'honneur, ce marquis
Est exquis;
Quel air noble et courtois!
Et je vois
L'amour, qui sans rien dire,
Prépare son carquois.

Ce petit vin de Pithiviers est fort bon, ma foi! C'est un vin méconnu... J'en parlerai à la cour, palsambleu!

LECOQ.

Monsieur le marquis est habillé avec un goût.

SERPOLET.

N'est-ce pas? Je ne crois pas être affreux, ainsi!

LE MARQUIS, *à part.*

Mes habits!... C'est lui qui m'a soufflé ma valise.

LECOQ.

Monsieur le marquis, voici M. Mathieu.

SERPOLET.

Mathieu! quelle espèce de Mathieu?

LECOQ.

Votre intendant!

SERPOLET, *à part.*

Ah! pour le coup, je suis déniché.

LE MARQUIS.

J'ai l'honneur de présenter mes respects à M. le marquis.

SERPOLET, *à part.*

Il me reconnaît! elle est forte!

LE MARQUIS.

J'espère que M. le marquis ne m'en veut pas d'être arrivé après lui.

SERPOLET.

Non, monsieur Mathieu!... Non, mon cher monsieur Mathieu, vous ne seriez même pas arrivé du tout... Sortez, Lecoq, j'ai à deviser avec M. Mathieu.

LECOQ.

Je me retire, et je vais faire servir M. l'intendant.

SCÈNE XIII.

LE MARQUIS, SERPOLET.

SERPOLET, *à part.*

Ce Mathieu me chiffonne beaucoup.

LE MARQUIS.

Croiriez-vous, monsieur le marquis, que j'étais presque effrayé en venant ici?

SERPOLET.

Pourquoi donc, Mathieu? pourquoi donc?

LE MARQUIS.

La crainte de ne pas vous plaire!... Je ne connaissais M. le marquis que de réputation...

SERPOLET.

Ah! de réputation seulement! (*A part.*) Bon!

LE MARQUIS.

Et quand on se présente pour la première fois devant un nouveau maître...

SERPOLET.

Je me disais aussi: Mathieu! Mathieu! je n'ai pas d'intendant de ce nom-là.

LE MARQUIS.

C'est moi qui vous suis adressé par votre ami, M. le commandeur, pour remplacer Jacquemin que vous avez mis à la porte, je ne sais pourquoi...

SERPOLET.

Ni moi non plus!... Ce pauvre Jacquemin! J'ai peut-être eu tort.

LE MARQUIS.

Non, vous avez bien fait! Il vous volait!

SERPOLET.

Je le crois! Je n'en ai pas de preuve, mais je le crois.

LE MARQUIS.

Et je me suis hâté de vous rejoindre à Pithiviers!

SERPOLET.

Eh bien! mais j'ai idée que nous pourrons nous entendre, mon bon Jacquemin.

LE MARQUIS.

Mathieu! monsieur le marquis!

SERPOLET.

Va pour Mathieu ! Sais-tu, maraud ! que tu es un gaillard de bonne mine ?

LE MARQUIS, *à part.*

Il est amusant ! c'est bien l'homme qu'il me faut.

SERPOLET.

Et décidément je te prends à mon service.

LE MARQUIS.

Sans vanité, on pourrait choisir plus mal... Et si M. le marquis se marie...

SERPOLET.

Moi ?... Non, je ne pense pas.

LE MARQUIS.

On vous y obligera peut-être.

SERPOLET.

Tu veux rire !

LE MARQUIS.

Non ! non !... Jacquemin m'a mis au fait, je sais tout.

SERPOLET, *à part.*

Lui aussi ! Ils savent tous tout... Il n'y a que moi...

LE MARQUIS.

Le souper, le pari, la promenade sur le balcon !... et vous sentez qu'une réparation est de rigueur.

SERPOLET.

Dame ! s'il ne faut que réparer le balcon...

LE MARQUIS.

M. le marquis plaisante à ravir... Par malheur, la chose est plus grave ; et à moins que vous ne décidiez la baronne à renoncer à vous.

SERPOLET, *à part.*

Encore la baronne !

LE MARQUIS.

C'est ce que j'essayerais à votre place !

SERPOLET.

Et pourquoi ? Donne-moi des raisons !

LE MARQUIS.

En conscience ! vous ne sauriez l'épouser volontairement !

SERPOLET.

La baronne !... Ma foi, si.

LE MARQUIS.

Une petite provinciale ! qu'on dit fort ordinaire !

SERPOLET.

Je me contenterais d'un bon ordinaire.

LE MARQUIS.

Ce serait braver le ridicule !... Un homme dont on cite les conquêtes... qui est au mieux avec les plus jolies femmes de la cour !

SERPOLET.

Fripon! Tu connais donc tout, jusqu'à mes fredaines? (*Il s'appuie sur l'épaule du marquis.*)

LE MARQUIS.

Votre mariage réduirait au désespoir trop d'infortunées.

SERPOLET.

C'est vrai! ce serait cruel!... D'un autre côté, cette baronne peut m'adorer aussi!... Quelquefois un coup de sympathie!... Et si elle payait mes dettes!... (*A part.*) Oh! et Denise?... Bah!

LE MARQUIS.

Vous y réfléchirez encore.

SERPOLET.

Non palsambleu! C'est décidé! je romps avec mes anciennes; et avec cette figure, cet esprit, cette grâce, il est impossible que la petite baronne ne se jette pas à ma tête!

LE MARQUIS, *à part.*

Je suis sauvé, il est impossible que la petite baronne ne le fasse pas jeter à la porte.

SCÈNE XIV.

LE MARQUIS, LECOQ, BEAUCONTOUR, SERPOLET, *assis.*

BEAUCONTOUR, *entre en poussant Lecoq devant lui.*

Laisse-moi passer, drôle.

LECOQ.

Mais, monsieur?

SERPOLET.

Qu'est-ce qu'il y a, Lecoq?

LECOQ.

C'est M. de Beaucontour, qui, malgré moi...

SERPOLET, *à part.*

Beaucontour!

BEAUCONTOUR, *à Serpolet.*

C'est à M. de Canillac que j'ai l'honneur de parler?

SERPOLET.

Vous l'avez, mon cher, vous l'avez! (*A part.*) Je roule de tuile en tuile! (*Examinant Beaucontour.*) Il me semble que j'ai déjà vu cette tête-là quelque part.

LE MARQUIS, *à part.*

Que me veut celui-ci?

BEAUCONTOUR.

Je suis Claude-Hilaire-Palamède de Beaucontour, écuyer, intendant des aides et gabelles.

LE MARQUIS, *à part.*

Ah! ah!

SERPOLET.

M. Beaupourtour... Je ne connais pas... et pourtant votre physionomie ne m'est point étrangère.

BEAUCONTOUR.

C'est possible.

SERPOLET.

Où diable nous sommes-nous donc vus? et vous, est-ce que vous ne me remettez pas?... Regardez? (*Il prend un air gracieux.*)

BEAUCONTOUR.

Non... C'est la première fois que je vois votre figure... Mais brisons là!

SERPOLET.

Comment! brisons là!

BEAUCONTOUR.

Vous vous doutez peut-être du sujet de ma visite.

SERPOLET.

Moi, je ne me doute de rien!

LE MARQUIS.

Expliquez-vous, monsieur?

BEAUCONTOUR.

Qu'est-ce? (*A Serpolet.*) Quel est cet individu?

SERPOLET.

Ça?... C'est Mathieu, mon intendant!

BEAUCONTOUR.

Faites-le sortir!... Je désire une explication sans témoin?

SERPOLET.

Et pourquoi?

BEAUCONTOUR.

A propos de l'affaire qui vous amène à Pithiviers.

SERPOLET.

En ce cas-là, M. Chose... M. de...

BEAUCONTOUR.

Beaucontour!

SERPOLET.

Permettez que Mathieu ne me quitte pas... Je n'ai rien de caché pour lui; au contraire, c'est plutôt lui qui aurait... Car moi, jusqu'à présent... Enfin, il n'est pas de trop.

BEAUCONTOUR.

Soit! Répondez-moi donc catégoriquement... Êtes-vous bien décidé à épouser la baronne de Bréville?...

SERPOLET.

Franchement, la baronne serait assez ma balle!

BEAUCONTOUR, *étonné.*

Votre balle! Sa balle!

LE MARQUIS.

D'ailleurs, il faut bien que nous épousions, puisqu'il y a jugement.

SERPOLET.

J'allais le dire, il y a jugement !

LE MARQUIS.

Nous y sommes contraints par ordonnance !

SERPOLET.

Et une ordonnance, on sait ce que c'est !... Il faut l'exécuter selon la formule !... Quand le médecin écrit sur une ordonnance deux gros de rhubarbe, si vous alliez donner deux grains d'émétique, vous seriez fautif !

BEAUCONTOUR, *troublé.*

Hein ? Qu'est-ce à dire ? (*A part.*) Est-ce que par hasard ?...

SERPOLET, *à part et le regardant.*

Où diable ai-je donc vu cette boule-là ?... Serait-ce dans l'exercice de ma profession ? Oh ! non !

BEAUCONTOUR.

Ce mariage est moins obligatoire que vous ne pensez !... La baronne s'est crue un instant compromise par votre ridicule incartade.

LE MARQUIS.

Monsieur, veuillez ménager vos expressions...

SERPOLET.

Ménagez-les, monsieur !

BEAUCONTOUR.

Mais elle s'est rassurée !... Elle est libre, et pour peu que vous lui déplaisiez !

SERPOLET.

Ce n'est pas probable.

BEAUCONTOUR.

Vous lui déplairez.

SERPOLET.

Ne comptez pas là-dessus.

BEAUCONTOUR.

Je vous dis que vous lui déplairez ! Il faut qu'elle vous refuse, vous m'entendez !... Sinon, c'est moi qui vous empêcherai de conclure cette union !

SERPOLET.

Vous ! (*A part.*) C'est un rival !

LE MARQUIS.

Je serais curieux de savoir comment monsieur s'y prendra.

SERPOLET.

J'allais le dire ; je serais curieux de savoir...

BEAUCONTOUR.

C'est bien simple ! nous nous couperons la gorge.

SERPOLET.

La gorge ! comme vous y allez, monsieur Ducontour ! Apprenez que ma gorge m'est entièrement nécessaire, et les morceaux m'en seraient inutiles, pour ne pas dire plus.

BEAUCONTOUR.

C'est-à-dire que vous refusez de vous battre ?

SERPOLET.

Vous m'avez compris.

LE MARQUIS, *à Beaucontour.*

Et, pour s'exprimer avec cette assurance, monsieur, probablement, sait se servir de son épée ?

BEAUCONTOUR.

Monsieur, j'ai été mousquetaire.

LE MARQUIS.

Il suffit, monsieur. Songez-y bien, monsieur le marquis, vous devez soutenir l'honneur du nom que vous portez.

SERPOLET.

Monsieur Mathieu, flanquez-moi la paix, ou je vous envoie à la cuisine !

LE MARQUIS, *à part, souriant.*

Au fait ! laissons-le faire.

SERPOLET.

J'aime mieux m'arranger.

BEAUCONTOUR.

Et quel serait votre arrangement ?

SERPOLET.

Puisqu'il le faut, je renonce à la baronne... J'essayerai de lui paraître laid, bête, désagréable, comme vous... (*Mouvement de Beaucontour.*) comme vous le souhaitez.

BEAUCONTOUR.

Vous réussirez.

SERPOLET.

Mais à une condition...

BEAUCONTOUR.

Laquelle ?

SERPOLET, *à part.*

Tâchons de ne pas tout perdre. (*Haut.*) Vous savez qu'on ne voyage pas gratis !... Je suis venu de Paris, j'ai apporté quelques brimborions pour offrir à Mme la baronne... tout ça coûte ! et je tiens à rentrer dans mon coût.

LE MARQUIS, *à part.*

Le butor !

BEAUCONTOUR.

Si ce n'est que ça !

SERPOLET.

C'est dix-huit cents livres !

BEAUCONTOUR.

Diable ! vous êtes cher, mon cher !

SERPOLET.

fais un compte prix !... N'allez pas croire au moins que je vous
C'est à juste d'apothicaire !

BEAUCONTOUR, *à part.*

Comment ! encore ?

SERPOLET.

C'est une façon de parler.

BEAUCONTOUR, *à part.*

Quel cuistre que ce marquis ! (*Haut.*) Vous serez remboursé ! la promesse d'un intendant des gabelles...

SERPOLET.

C'est de l'or en barres... Tapez là ! (*A part.*) C'est égal... j'ai beaucoup connu ce gabelou... mais où ?... Ça me reviendra.

DENISE, *accourant.* *

Messieurs, la chaise de Mme la baronne s'arrête à la porte.

LE MARQUIS, *à part.*

La baronne !

BEAUCONTOUR.

Il ne faut pas qu'elle me voie ici !

SERPOLET, *passant devant Denise et remontant pour sortir.*

Je vais au-devant d'elle.

LE MARQUIS, *faisant le même mouvement par devant Beaucontour, pour retenir Serpolet.* **

Vous ! ce serait montrer beaucoup d'empressement.

SERPOLET.

Ce faquin dit vrai ! d'ailleurs ma toilette... Pour lui déplaire, j'ai besoin de m'abîmer un peu.

Ensemble.

AIR : *Gais canotiers, nous voici* (Premières armes du diable).

SERPOLET.

Retirons-nous, la voici ;
Fuyons vite
Sa visite,
Et de sa présence ici
Montrons-lui peu de souci.

DENISE, *à part.*

Pourquoi donc, quand la voici,
Fuir si vite
Sa visite,
Et de sa présence ici
Montrer si peu de souci ?

BEAUCONTOUR.

Marquis, j'ai votre parole,
Puis-je compter en ce jour ?

SERPOLET.

Mon serment n'est pas frivole.
Au revoir, cher Dupourtour.

Reprise.

* Le M. B. D. S.
** B. le M. S. D.

(*Beaucontour sort par le fond à gauche. Serpolet rentre dans sa chambre.*)

SCÈNE XV.

LE MARQUIS, DENISE, puis la BARONNE.

DENISE, *à part.*

Voyez un peu ce Serpolet! il n'y a pas une heure qu'il est marquis, et il ne fait déjà plus attention à moi.

LE MARQUIS, *à part.*

Je ne suis pas fâché de la voir le premier!

DENISE, *à part.*

Heureusement, j'ai prévenu Mme la baronne!

LA BARONNE, *entrant par le fond de droite.* *

Eh bien! Denise, où sont-ils?

LE MARQUIS, *à part.*

C'est elle!

DENISE, *désignant le marquis.*

Voilà déjà l'intendant.

LA BARONNE, *à part.*

Que vois-je! le marquis!

LE MARQUIS.

Elle est mieux qu'on ne me l'avait dit.

DENISE, *bas.*

Et l'autre, c'est mon amoureux, Serpolet.

LA BARONNE, *bas.*

Tu as bien fait de m'avertir.

DENISE, *à part.*

A présent je suis tranquille. (*Elle sort par le fond.*)

LA BARONNE, *à part.* **

Décidément, il y a un complot! nous allons voir. (*Haut, au marquis.*) Mon ami, vous êtes au service du marquis de Canillac?

LE MARQUIS.

Oui, madame... et mon maître vous prie de l'attendre un instant.

LA BARONNE.

Soit, j'attendrai!.. mais il me semble qu'il aurait pu compter un peu moins sur ma complaisance.

LE MARQUIS.

Cela prouve la bonne opinion qu'il a de votre caractère.

LA BARONNE.

Je ne le pense pas.

* Le M. la B. D.
** Le M. la B.

LE MARQUIS, *à part.*

Un air distingué.

LA BARONNE.

Après tout, le Parlement ne l'a pas condamné à être poli !... et les égards ne sont pas de rigueur entre gens qui se font la guerre !

LE MARQUIS.

C'est-à-dire, madame, que vous êtes son ennemie ?

LA BARONNE.

Moi ? nullement !... je n'ai pas de rancune.

LE MARQUIS, *à part.*

Une voix fort douce.

LA BARONNE.

Je ne puis lui en vouloir pour une folie de jeune homme, qu'il regrette sans doute d'avoir commise ! Mais mon honneur, ma réputation étaient en péril ! j'ai dû les défendre, et M. le marquis serait peut-être le premier à me blâmer, si je m'étais montrée moins susceptible !

LE MARQUIS, *à part.*

C'est qu'elle raisonne parfaitement.

LA BARONNE.

AIR : *Si tu m'aimes bien tendrement.*

Le marquis ne sait-il pas bien
Que l'honneur est inexorable?
Et lorsque je défends le mien,
Il doit me trouver intraitable.
Si je l'eusse laissé flétrir,
Peut-être il m'en ferait un crime.
Je lui permets de me haïr,
Mais il faut du moins qu'il m'estime.

LE MARQUIS, *à part.*

De l'esprit !... du sentiment !...

LA BARONNE.

Aussi, je ne viens au-devant de lui que pour éviter un nouvel éclat !... Aucun reproche ne sortira de ma bouche, ce serait envenimer les choses... et le marquis me croit déjà une si méchante femme...

LE MARQUIS.

S'il pouvait vous entendre, il changerait d'avis.

LA BARONNE.

Il est tellement prévenu contre moi !

LE MARQUIS.

Les préventions doivent céder à l'évidence.

LA BARONNE.

Pas toujours.

LE MARQUIS, *à part.*

Elle est charmante !

LA BARONNE.

Au surplus ! je ne tiens peut-être pas à le détromper... et après ce qui s'est passé !... Mais silence !... c'est lui, sans doute !... (*Elle remonte à gauche.*)

LE MARQUIS, *à part, passant à droite.* *

Ah ! mon Dieu ! voyons ce qu'elle va penser de mon représentant.

SCÈNE XVI.

SERPOLET, LA BARONNE, LE MARQUIS.

SERPOLET, *en robe de chambre.*

Eh bien ! où est-elle cette baronne ?... qu'elle paraisse !... Ah ! la voilà !... (*A part.*) Je la trouve piquante ! (*Haut.*) Belle dame ! (*Il salue.*)

LA BARONNE, *faisant la révérence.*

Monsieur !

LE MARQUIS, *à part.*

Ah ! quel ton ! quelle tenue !

SERPOLET.

Pardon, ma toute belle, si je me présente à vous dans cet appareil... J'aurais pu me faire beau, mais bah !... ce costume est plus conjugal, et comme il s'agit de nous marier, à ce qu'il paraît.

LA BARONNE.

Vous avez pensé que le négligé était de circonstance.

SERPOLET.

Je l'ai pensé ! (*A part.*) Elle est mieux que Gimblette ! (*Haut.*) Mais pour se marier, il faut se convenir !... attendez donc que je vous regarde. (*Il la lorgne.*) Sans compliment, je ne vous trouve pas mal du tout, mais du tout, du tout ! Qu'en dis-tu, Mathieu ?

LE MARQUIS.

Moi, je dis que madame est adorable !

SERPOLET.

Va pour adorable !... et moi, comment me trouvez-vous ?

LA BARONNE.

Mais moi aussi, je vous trouve pas mal du tout, du tout.

SERPOLET.

Je vous plais ? ô bonheur ! (*A part.*) Qu'est-ce que je dis donc !... et mes dix-huit cents livres !... et l'épée de Ducontour !... (*Haut.*) Ecoutez, baronne, pas de précipitation, exami-

* La B. le M.

nez-moi bien à froid... je ne suis peut-être pas aussi bien que j'en ai l'air... j'ai les yeux petits, la jambe médiocre, et les abattis communs.

LE MARQUIS, *à part.*

Il gagne bien son argent.

LA BARONNE.

Vous êtes trop modeste... d'ailleurs je fais peu de cas des avantages extérieurs.

SERPOLET.

On dit ça!... on dit ça!... et on n'aime que les jolis garçons!... Et puis, au moral, c'est encore pis!... Nous autres mousquetaires, nous jouons, nous buvons, nous brusquons les fillettes, et quelquefois même nous les tapons.

LE MARQUIS, *à part.*

J'enrage!

SERPOLET.

Et personnellement... informez-vous!... tout le monde vous dira que le marquis de Canillac est un libertin, un pendard, un sacripant, un... Mathieu le sait bien!

LE MARQUIS.

C'est faux, entièrement faux!.... et vous feriez mieux de vous taire.

SERPOLET.

Ah mais! ce drôle perd le respect.

LA BARONNE.

Tenez, monsieur le marquis, ne vous donnez pas tant de peine!... je devine le motif qui vous fait parler!... vous désirez que je vous refuse, n'est-il pas vrai?

SERPOLET.

Ah! madame, c'est malgré moi...

LA BARONNE.

Il n'y a pas de mal! je vous ai fait un procès, et je l'ai gagné... mais je n'abuserai pas de ma victoire.

AIR : *Enfant, n'y touchez pas.*

Oui, je renonce au triste bénéfice
De cet hymen pour tous deux sans attrait;
Malgré mes droits et malgré la justice,
Mon cœur ici prononce un autre arrêt.
Evitons la torture
D'un lien détesté,
Et gardons pour jamais, moi, l'oubli d'une injure,
Et vous la liberté,
A vous la liberté.

LE MARQUIS.

Ah! madame, ces sentiments, cette dignité vous embellissent encore.

SERPOLET.

Ah ! ils vous embellissent encore.

LE MARQUIS.

Mais ce refus ne peut être sérieux, et quand vous connaîtrez mieux le marquis...

LA BARONNE.

Et qui vous dit que je ne le connais pas!... Pour peu qu'on soit curieuse, on a mille occasions... et si, par exemple, son portrait m'était tombé entre les mains?...

LE MARQUIS.

Quoi! vous auriez?

SERPOLET, *à part.*

Un portrait ! diable ! (*Haut.*) Voyons !

LA BARONNE.

Non, non !... votre intendant jugera mieux de la ressemblance ! (*Elle montre le portrait au marquis.*)

LE MARQUIS, *à part, après avoir regardé.*

Elle se moquait de nous !

SERPOLET.

Est-ce qu'il me ressemble?

LE MARQUIS.

C'est frappant !

SERPOLET, *à part.*

Voilà un hasard !

LE MARQUIS.

Je vois, madame, qu'il est trop dangereux de lutter avec vous.

SERPOLET.

Je ne suis pas de force.

LE MARQUIS.

Le marquis a été indignement trompé, mais ses torts n'en sont pas moins grands, et s'il osait implorer sa grâce...

SERPOLET.

Je l'implore !

LE MARQUIS.

AIR : *Si tu m'aimes bien tendrement.*

Il en convient, non sans regret,
Envers vous il fut bien coupable.
Tous ses torts, il les reconnait,
Ne soyez pas inexorable !
Par pitié, laissez-vous fléchir,
Une erreur n'est jamais un crime.
Et si vous devez le haïr,
Rendez-lui du moins votre estime.
Oui, si vous devez le haïr...

SERPOLET, *achevant le couplet.*

Rendez-moi du moins votre estime.

LE MARQUIS.

Ne serez-vous pas touchée de son repentir !

SERPOLET.

Eh bien ! oui !... ma foi, tant pis ! je me repens, j'admire, je me passionne... Beauséjour ira se promener... vous serez marquise... Ça vous va-t-il ?

LA BARONNE.

Mais cela demande réflexion.

LE MARQUIS.

Je vous en supplie.

LA BARONNE.

Un changement si subit !

LE MARQUIS.

Est un triomphe dont vous devez être fière.

SERPOLET.

Vous le devez... et pourvu que vous me comptiez dix-huit cents livres, en signant le contrat... (*A part.*) C'est important.

LA BARONNE.

Allons, puisque le condamné veut absolument subir sa peine...

LE MARQUIS et SERPOLET.

Ah ! madame ! (*Ils tombent aux pieds de la baronne en lui prenant chacun une main.*)

Je serais trop heureux !

SERPOLET.

Je serais trop... (*Apercevant le marquis.*) Eh bien ! là-bas !... Mathieu !... veux-tu bien te relever, animal !

SCÈNE XVII.

DENISE, SERPOLET, BEAUCONTOUR, LA BARONNE, LE MARQUIS. (*Ils entrent du fond.*)

DENISE.

Ah ! c'est affreux !

BEAUCONTOUR.

C'est une horreur !

SERPOLET.

Dupourtour !... ça va se gâter.

BEAUCONTOUR.

Monsieur, cette conduite est indigne d'un gentilhomme.

SERPOLET.

Monsieur !

DENISE, *bas à Serpolet.*

Vous me le payerez !

SERPOLET, *de même.*

Laisse-moi tranquille !

BEAUCONTOUR.

Est-ce ainsi que vous tenez votre parole ?

SERPOLET.

Je l'ai tenue, monsieur !... je l'ai tenue! madame est là pour le dire... j'ai été grossier, j'ai été monstrueux ! rien ne m'a réussi !... Elle m'aime ! ce n'est pas ma faute.

BEAUCONTOUR.

Vous êtes un fat!... et à moins que madame ne m'assure elle-même... tremblez !

LA BARONNE.

Monsieur Beaucontour, dans votre intérêt, je vous engage à ne pas m'interroger sur mes sentiments.

LE MARQUIS, *lui baisant la main, à part.*

Merci !

BEAUCONTOUR, *à Serpolet.*

C'est assez clair... Monsieur, il faut que je vous tue ; sortons !

LA BARONNE.

Un duel !

BEAUCONTOUR.

Oui, madame, un duel à mort! (*Il remonte un peu.*)

LE MARQUIS, *allant à Beaucontour, en passant derrière la baronne.* *

Je suis à vos ordres, monsieur.

BEAUCONTOUR.

Vous ?

LE MARQUIS.

Moi, marquis de Canillac.

DENISE.

Lui !

SERPOLET.

Mathieu !

BEAUCONTOUR.

Il serait possible !

LE MARQUIS.

Vous allez me suivre à l'instant.

BEAUCONTOUR.

Volontiers!... le temps de chercher mes témoins.

LE MARQUIS.

Je vous attends.

BEAUCONTOUR.

Ce ne sera pas long, mille mousquetons !

SERPOLET, *à part.*

Hein ? il a dit?...

LA BARONNE.

Monsieur de Beaucontour !...

* D. S. B. le M. la B.

BEAUCONTOUR.

Non, madame !... Je n'écoute rien !

Ensemble.

AIR : *Ah ! souffrir une offense.*

LE MARQUIS, *à part.*

Ah ! d'une telle offense
J'obtiendrai vengeance !
Et déjà la fureur
S'allume dans mon cœur.

LA BARONNE, *à part.*

Ah ! malgré son silence,
Je crains sa vengeance,
Et je vois la fureur
S'allumer dans son cœur.

BEAUCONTOUR.

Aujourd'hui ma constance
A sa récompense,
Et malgré sa rigueur,
Oui, je touche au bonheur.

SERPOLET, *à part.*

Ma conduite l'offense ;
Mon inconstance,
Semble navrer son cœur ;
Ma foi, c'est un malheur !

DENISE, *à part.*

Voyez, quelle inconstance !
Même en ma présence
Il fait le séducteur.
Dieu ! qu'un homme est trompeur !

(*Sur la reprise de l'ensemble, Serpolet reconduit le marquis et Beaucontour, qui sortent par le fond, et redescend au milieu.*

SCÈNE XVIII.

DENISE, SERPOLET, LA BARONNE.

SERPOLET, *à part.*

C'était le marquis de Canillac !... et je l'ai appelé maraud.

LA BARONNE, *très-agitée.*

Mes amis, il faut empêcher ce duel.

SERPOLET.

Attendez ! j'y suis !... Où est sa valise ?

DENISE, *la lui montrant.*

La voilà !

SERPOLET.

Parfait !... C'est la mienne ! (*Appelant.*) Ohé, l'aubergiste !... l'aubergiste !... Lecoq ! père Lecoq ! Mais, voyez s'il viendra, ce vieux marmiton.

SCÈNE XIX.

DENISE, SERPOLET, LECOQ, LA BARONNE.

LECOQ.

Eh bien ! qu'est-ce qu'il y a ?... Je mettais une oie à la broche !

SERPOLET.

Lecoq ! quel est cet intrus que vous m'avez présenté ce matin ?

LECOQ.

Dame ! c'est votre intendant !

SERPOLET.

C'est l'amant de votre nièce.

DENISE.

Mon amant !

SERPOLET.

Un jeune homme qui vous doit dix-huit cents livres.

LECOQ.

Serpolet, l'apothicaire ?

SERPOLET.

Lui-même ! Voyez plutôt sa valise... (*Il le fait passer devant lui à la table.* *) Aveugle Lecoq, son nom est dessus.

LECOQ, *regardant.*

C'est, ma foi, vrai !... Ah ! le gueux !... Je suis en règle, j'ai le jugement.

SERPOLET.

Faites-le arrêter !

LECOQ.

Tout de suite. Merci, monsieur le marquis ! (*Criant.*) Cliquot, Bastien, Joseph ! à moi, mes amis ! (*Il sort par le fond.*)

SCÈNE XX.

DENISE, SERPOLET, LA BARONNE.

SERPOLET.

Il le rattrapera !... Je suis tranquille !

LA BARONNE.

C'est bien pour l'instant ! mais plus tard ils se retrouveront.

SERPOLET.

Ceci me regarde !... Et maintenant à l'autre... monsieur de...

LA BARONNE.

Beaucontour.

SERPOLET.

Depuis combien de temps dépare-t-il cet endroit ?

LA BARONNE.

Depuis quatre ans.

SERPOLET.

Et il venait ?...

LA BARONNE.

Des colonies, je crois...

* D. L. S. la B.

SERPOLET.

Très-bien ! ça coïncide... Dites-lui que le marquis l'attend ici.

LA BARONNE.

Le marquis !

SERPOLET.

Oh ! n'ayez pas peur... c'est à moi qu'il aura affaire.

LA BARONNE.

Pourvu qu'il soit encore temps ! (*On entend du bruit au dehors.*)

SERPOLET.

Quel est ce bruit? (*Il remonte au fond.*) Bravo! c'est le marquis qu'on prend au collet. (*Il redescend.*)

DENISE.

Et mon oncle ne le lâchera pas!

LA BARONNE.

Il est sauvé !

SERPOLET.

Je l'espère, envoyez-moi Pompadour.

LA BARONNE.

Allons, je me fie à vous.

Ensemble.

AIR : *Pour moi que l'espoir brille.*

SERPOLET.

Ne craignez rien, madame:
Bannissez l'effroi
Qui règne dans votre âme.
Et comptez sur moi.

LA BARONNE.

Épris d'une autre femme,
Il m'offrait sa foi,
Et pour lui, dans mon âme.
Je tremble d'effroi.

DENISE.

Bannissez de votre âme
La crainte et l'effroi :
En Serpolet, madame,
On peut avoir foi.

(*La baronne sort par le fond, Serpolet la reconduit; Denise passe à gauche.*)

SCÈNE XXI.

DENISE, SERPOLET, *puis* LE MARQUIS.

DENISE.

Est-ce que vous allez vous battre, monsieur Serpolet?

SERPOLET.

Oui, Denise; je suis monté ! et quand j'aurai l'épée à la main! (*Il fait le geste de tirer l'épée.*) Tiens, je l'ai laissée dans ma chambre ! (*Il entre dans la chambre. Denise passe à droite.*)

DENISE.

Je ne l'aurais jamais cru si brave !

SERPOLET, *rentrant avec l'épée.* *

Je la tiens!... et maintenant Duvautour peut arriver!... (*Ecoutant.*) J'entends venir, serait-ce déjà lui ? (*Le marquis paraît au fond.*) Dieu ! le marquis ! (*Il cache l'épée derrière lui.*)

LE MARQUIS, *descendant au milieu.* **

Monsieur, vous avez pris mon nom, nous nous expliquerons plus tard... pour le moment, je ne vous réclame que mon épée !

SERPOLET.

Votre épée !... Je vous croyais prisonnier ?

LE MARQUIS.

Une erreur ! une méprise ! Je revenais de chercher un témoin, quand cet imbécile de Lecoq m'a réclamé je ne sais quelle dette... En toute autre occasion, je l'aurais assommé, mais le temps pressait, j'ai payé !

SERPOLET.

Payé dix-huit cents livres !

LE MARQUIS.

Il le fallait bien !... enfin je suis libre !

SERPOLET, *à part.*

Et moi aussi !.. (*Haut.*) Ah ! monsieur le marquis ! voilà un trait !...

LE MARQUIS.

Il ne s'agit pas de cela !... où est mon épée ?

SERPOLET.

Votre épée ?

DENISE.

Là, monsieur le marquis !... dans cette chambre !

SERPOLET.

Oui, oui, dans cette chambre.

LE MARQUIS

C'est bien ! (*Il entre dans la chambre de gauche; Serpolet ferme la porte sur lui à double tour.*) ***

SERPOLET.

Ah ! je le tiens cette fois-ci.

LE MARQUIS, *en dehors.*

Hein ? qui m'enferme ?

SERPOLET.

Ne faites pas attention.

LE MARQUIS.

Ouvrez, morbleu ! ou...

* S. D.

** S. le M. D.

*** S. D.

SERPOLET.

Patience !... dans une heure, quand je l'aurai tiré du pétrin où je l'ai mis... Il ne répond plus ! (*Regardant par le trou de la serrure.*) Ah ! l'enragé ! il saute par la fenêtre.

DENISE.

Comment faire ?

SERPOLET.

Courons. (*Il court au fond, et aperçoit Beaucontour au dehors; il s'arrête.*) Oh ! Beaucontour !... il était temps ! laissez-nous.

DENISE.

N'allez pas vous exposer...

SERPOLET.

Mais va donc ! (*Il pousse Denise et la fait sortir par la porte de droite.*)

SCÈNE XXII.

BEAUCONTOUR. SERPOLET.

BEAUCONTOUR, *entrant du fond.*

Où est-il donc?... Je ne le vois pas?

SERPOLET, *fermant la porte du fond.*

Vous allez le voir.

BEAUCONTOUR.

Pourquoi fermer cette porte?

SERPOLET.

Je crains les courants d'air. (*A part.*) Ma foi, si je me trompe, je joue gros jeu. (*A Beaucontour.*) A nous deux, chose...

BEAUCONTOUR, *étonné.*

Plaît-il?... On m'avait dit que M. le marquis m'attendait ici ?

SERPOLET.

Il est devant vous.

BEAUCONTOUR.

Trêve de plaisanterie ! C'est à lui que j'ai affaire.

SERPOLET.

Et à moi.

BEAUCONTOUR.

Qui êtes-vous ?

SERPOLET.

Je suis mousquetaire.

BEAUCONTOUR.

Vous?

SERPOLET.

Oui, je suis mousquetaire, et je donne des pichenettes, v'lan ! (*Il lui donne des pichenettes sur le nez ; Beaucontour recule vers* *l'extrême gauche, puis tourne et prend la droite, toujours poursuivi par Serpolet.)* *

BEAUCONTOUR, *à chacune des trois pichenettes qu'il reçoit.*

Sang et carnage!... sang et carnage! sang et carnage!... Vous me rendrez raison!

SERPOLET, *à part.*

Serait-ce un vrai Beaucontour? je me sens des crampes. (*Il gagne le milieu de la scène pendant son à-parte*).

BEAUCONTOUR.

En garde, monsieur! (*Serpolet recule à droite.*) Avez-vous peur?

SERPOLET.

Peur!... (*A part.*) Si je pouvais voir... (*Il ôte sa robe de chambre.*) Otez votre habit. (*Il pose sa robe de chambre sur la chaise de gauche.*)

BEAUCONTOUR.

A quoi bon?

SERPOLET.

Je pourrais y faire un trou.

BEAUCONTOUR.

Je ne vous en laisserai pas le temps.

SERPOLET.

Seriez-vous cuirassé?

BEAUCONTOUR.

Moi, un pareil soupçon! (*Il ôte son habit et le met sur la chaise de droite.*)

SERPOLET.

A présent, faites comme moi.

BEAUCONTOUR.

Que signifie?

SERPOLET.

Retroussez votre manche! Bras nu! bras nu!

BEAUCONTOUR, *à part.*

Diable! (*Haut.*) Est-ce donc pour nous battre à coups de poing?

SERPOLET.

Retroussez votre manche, ou je croirai... qu'il y a quelque chose là-dessous.

BEAUCONTOUR.

Finissez ce badinage!

SERPOLET.

Eh bien, laissez-moi seulement regarder....

BEAUCONTOUR.

Ne m'approche pas... Tu n'es qu'un faquin, dont je veux

* S. B.

purger la société... (*Il repasse à gauche, en menaçant Serpolet de son épée.*)*

SERPOLET, *à part.*

Purger ! c'est lui !

BEAUCONTOUR.

En garde ! mille mousquetons !

SERPOLET.

Mille mousquetons !... (*Il jette son épée.*) Plus de doutes... il n'y a plus de duel possible. Qui, moi ! j'immolerais mon confrère, mon maître !...

BEAUCONTOUR.

Son maître ?

SERPOLET.

Je t'ai reconnu, tu es Bigarreau ; je te flairais depuis ce matin.

BEAUCONTOUR, *à part.*

O Ciel !

SERPOLET.

Tu as changé de sphère, tu as vieilli, tu es enlaidi, mais je te reconnais.

BEAUCONTOUR.

Mais toi... qui êtes-vous donc, pour avoir découvert...

SERPOLET.

Serpolet ! ton élève !

BEAUCONTOUR.

Serpolet !

SERPOLET.

J'étais cependant bien jeune quand tu présidais la Société de la...

BEAUCONTOUR.

Maudit bavard ! te tairas-tu ?

SERPOLET.

Volontiers !... mon vieux camarade, mais à deux conditions...

BEAUCONTOUR.

Je t'ai promis dix-huit cents livres ; ne dis rien, et je double la somme !

SERPOLET, *calculant.*

18 et 18 font 36... 3,600... J'accepte ; mais ça ne suffit pas... Plus de duel avec le marquis ; vous lui ferez des excuses !... Ça n'est pas tout, j'ai promis à la baronne que vous renonceriez à elle.

BEAUCONTOUR.

Ah ! pour ça, par exemple !...

* B. S.

SERPOLET.

Renoncez, ou je parle... je dis que le noble Ducontour n'est autre que le nommé Bigarreau, ex-apo...

BEAUCONTOUR.

Malheureux!...

SERPOLET, *achevant le mot.*

Thicaire... Je dis, enfin... (*On frappe tres-fort à la porte.*)

BEAUCONTOUR, *remontant.*

On vient...* (*Descendant à la gauche de Serpolet, et se posant comme s'il était armé d'une seringue.*) Si tu me perds, prends garde à toi!...

SERPOLET.

Ah! à présent, tu ne me feras pas tourner le dos. (*On frappe de nouveau. — Denise entre de la porte de droite et va ouvrir celle du fond.*)

SCÈNE XXIII.

LECOQ, BEAUCONTOUR, LE MARQUIS, LA BARONNE, SERPOLET, DENISE.

DENISE, *sortant de la droite.*

Tiens! la porte est fermée! (*Elle l'ouvre et descend au numéro 1. Beaucontour met son habit.*)

LE MARQUIS.

Enfin, le voilà!... (*A Beaucontour.*) Monsieur, je vous cherchais... Pardonnez ce retard involontaire... Je suis prêt à vous suivre.

LA BARONNE.

Vous ne sortirez pas.

SERPOLET.

Rassurez-vous, madame... M. Dupourtour a eu le temps de réfléchir!

LA BARONNE.

Serait-il vrai?

BEAUCONTOUR.

Certes, mon courage n'est pas suspect!... j'aime le danger, et je puis dire que je l'ai vu de près; mais ce garçon m'a fait valoir des raisons si puissantes... Bref, j'aurais combattu la force, et j'ai cédé à l'éloquence.

SERPOLET.

Vous me faites rougir.

BEAUCONTOUR.

Toute rivalité cesse entre moi et M. le marquis. (*Il va se met-*

* S B.

tre à la gauche de Serpolet, en passant derrière le marquis et la baronne.) *

LE MARQUIS.

Qu'entends-je! je puis donc attendre mon arrêt.

LA BARONNE, *lui donnant la main.*

Je crois qu'il faudra nous en tenir à celui du Parlement.

LECOQ.

Ah ça! mais, c'est donc monsieur qui est le marquis?

SERPOLET.

Vous en êtes là, père Lecoq?

LECOQ.

Et Serpolet, mon débiteur?

SERPOLET.

C'est moi! vous êtes payé... j'épouse votre nièce.

DENISE.

Nous nous épousons.

LECOQ.

Un apothicaire!

SERPOLET.

Avec la nièce d'un cuisinier!... nous aurons de quoi vivre... Il ne me manque plus qu'une enseigne!... Quelle diable d'enseigne pourrais-je prendre?... un emblème ingénieux... Ah! *(Saisissant le bras de Beaucontour.)* je l'ai sous la main! mille mousquetons!

Chœur.

Pour nous plus de mystère,
Nos chagrins sont finis:
Désormais, je l'espère,
Nous serons tous amis.

SERPOLET, *au public.*

AIR:

Deux beaux mousquetons en sautoir!
Cette enseigne n'est pas infirme:
Pour le reste, j'ai de l'espoir,
Car plus d'un docteur nous affirme
Que ce vaudeville éminent
Est traité selon la formule.
Mais, hélas! c'est un jugement
Que parfois le public annule.

* D. S. B. la B. le M. L.

FIN.

BIBLIOTHÈQUE THÉATRALE

— Auteurs contemporains —

Nouvelle collection publiée dans le format in-18 anglais

SUITE DES PIÈCES EN VENTE

LE DOCTEUR CHIENDENT, vaudeville en 2 actes, par M. VARIN. Prix : 60 c.

LA FIANCÉE DU BENGALE, folie de carnaval en 2 actes et 3 tableaux, par MM. L. DUCHESNE et G. SAUVEY. Prix : 60 c.

LES MALHEURS HEUREUX, comédie-vaudeville en 1 acte, par MM. DUVERT, de LAUZANNE et de LA ROUNAT. 60 c.

BELPHÉGOR, vaudeville fantastique en 1 acte, par MM. DUMANOIR, SAINT-YVES et CHOLLER. Prix : 60 c.

RAYMOND, ou *le Secret de la Reine*, opéra-comique en 3 actes, par MM. ROSIER et DE LEUVEN. Prix : 1 fr.

LA DAME AUX TROIS COULEURS, comédie-vaud. en 3 actes, par MM. Ch. DESNOYER et Ch. RAYMOND. Prix : 75 c.

LA SÉRAFINA, opéra-comique en 1 acte, par MM. de SAINT-GEORGES et DUPIN. Prix : 60 c.

LA PEAU DE CHAGRIN, drame en 5 actes, tiré du roman de H. BALZAC, par M. LOUIS JUDICIS. Prix : 1 fr.

LA CORDE SENSIBLE, vaudev. en 1 acte, par MM. CLAIRVILLE et Lambert THIBOUST. Prix : 60 c.

LES FAMILLES, comédie en 5 actes, en vers, par M. Ernest SERRET (édition de luxe). Prix : 1 fr. 50 c.

LAURE ET DELPHINE, comédie-vaudeville en 2 actes, psr MM. BAYARD et CH. POTRON. Prix : 1 fr.

J'AI MARIÉ MA FILLE, comédie mêlée de couplets, par MM. LAURENCIN et Marc MICHEL. Prix : 60 c.

MURDOCH LE BANDIT, opéra-comique en 1 acte, par M. DE LEUVEN. Prix : 60 c.

LE VOL A LA DUCHESSE, drame en 5 actes et 8 tableaux, par MM. GRANGÉ et X. DE MONTÉPIN. Prix : 1 fr.

100,000 FRANCS POUR VINGT SOUS, vaudeville en 1 acte, par MM. EM. COLLIOT et EM. LEFEBVRE. Prix : 60 c.

LUCIENNE, drame-vaudeville en 2 actes, par M. Paul FOUCHER. Prix : 60 c.

DANS L'AUTRE MONDE, rêverie-vaudeville en 3 tableaux, par MM. Em. COLLIOT et Em. LEFEBVRE. Prix : 60 c.

UNE MAITRESSE-FEMME, comédie-vaudeville en 1 acte, par MM. CARMOUCHE et VANDERBURCK. Prix : 60 c.

L'AMANT DE CŒUR, vaudeville en 1 acte, par MM. SIRAUDIN et Jules de PRÉMARAY. Prix : 60 c.

LES PHILOSOPHES DE VINGT ANS, proverbe en 1 acte, par Mme Caroline BERTON. Prix : 60 c.

L'IVROGNE ET SON ENFANT, vaudeville en 2 actes, par M. CH. DESNOYERS. Prix : 60 c.

LE MARCHAND DE LAPINS, comédie en 1 acte, mêlée de couplets, par MM. VARIN et BOYER. Prix : 60 c.

LE DERNIER ABENCERAGE, drame en 3 actes, en vers, par M. BEAUVALLET. Prix : 1 fr.

ENCORE DES MOUSQUETAIRES, vaudeville en 1 acte, par MM. VARIN et PAUL VERRMOND. Prix : 60 c.

BARDOU aîné, rôle du **DOCTEUR CHIENDENT**, dans la pièce de ce nom.
Les deux costumes lithographiés d'après Tony DURY, par A. LAMY.

Prix, en noir.	» fr.	75 c.
Prix, sur papier de chine.	1	»
Prix, colorié avec soin.	1	25 c.

UN CHEF DE BRIGANDS

Vaudeville en 1 acte

PAR MM. VARIN ET MARCHAIS

Prix : 60 c.

Imprimerie de Gustave GRATIOT, 11, rue de la Monnaie.

www.ingramcontent.com/pod-product-compliance
Ingram Content Group UK Ltd.
Pitfield, Milton Keynes, MK11 3LW, UK
UKHW032008260826
14628UKWH00005B/2364

9 782019 725020